Direction : Guillaume Arnaud
Direction éditoriale : Sarah Malherbe
Édition : Charlotte Walckenaer, Olivia Karam
Direction artistique : Élisabeth Hebert, assistée de Bleuenn Auffret
Direction de fabrication : Thierry Dubus
Fabrication : Florence Bellot
Mise en page : Les PAOistes

15/27, rue Moussorgski, 75895 Paris Cedex 18
www.fleuruseditions.com
ISBN : 978-2-2151-3078-9
MDS : 652 396

« Loi n° 49-956 du 16 juillet 1949 sur les publications destinées à la jeunesse. »

Histoires
magiques à lire avec ma petite fille

Textes de Charlotte Grossetête
Illustrations de Carine Hinder

FLEURUS

La princesse du pôle Nord

Aujourd'hui, c'est l'anniversaire de la princesse du pôle Nord ! Ses amies lui ont offert une baguette magique. Une belle baguette de glace, lisse et transparente comme du verre !

– Merci ! dit la princesse à ses amies.

Mais un courant d'air froid traverse le salon et une femme apparaît. C'est la reine des Vents de l'Hiver, qui s'est invitée à la fête ! En voyant la baguette dans la main de la princesse, elle devient verte de jalousie.

– Jolie baguette, dit-elle de sa voix glaciale. L'as-tu essayée ?

– J'allais le faire, justement, répond la princesse.

Avec un mauvais sourire, la reine des Vents de l'Hiver lui propose :

– Demande-lui de nous transporter dans un pays chaud !

– C'est une bonne idée, dit la princesse en agitant sa baguette.

Aussitôt, les voilà transportées sur une plage de sable brûlant.

– Quel beau paysage ! s'écrient les jeunes filles en enlevant leurs manteaux.

La reine, elle, ne quitte pas des yeux la baguette magique : avec ce soleil, elle ne devrait pas tarder à fondre…

Mais la baguette ne fond pas… Normal, c'est une baguette magique ! La reine est furieuse. Elle ouvre la bouche, prête à souffler un vent froid et violent pour arracher la baguette des mains de la princesse. Mais rien ne sort de ses lèvres : les vents de l'hiver ne soufflent pas dans les pays chauds ! Ici, la méchante reine n'a aucun pouvoir !

– Ramène-moi au pôle Nord, vite ! crie-t-elle à la princesse. Il faut que je retrouve mes pouvoirs maléfiques !

– Ne l'écoute pas et laisse-la ici ! s'exclament les amies de la princesse.

Mais la princesse du pôle Nord a bon cœur.
Elle ne souhaite pas laisser la reine souffrir ainsi.
Et hop ! D'un coup de baguette magique, les voilà
toutes de retour dans son château de neige.

– Merci ! murmure la reine des Vents de l'Hiver.
Et pardon d'avoir voulu te jouer un mauvais tour...
La reine gonfle alors ses joues et souffle dans le salon des milliers de paillettes de neige.
– Bon anniversaire ! dit-elle, avant de disparaître dans ce petit vent de fête.

La terrible soupe de Méchancia

Dans la plaine glacée toute blanche s'élève une fumée grise. C'est celle du volcan où habite la sorcière Méchancia. La neige et la glace fondent autour de cette sinistre maison, si bien que Méchancia n'a jamais froid. Un jour, alors que Méchancia prépare sa soupe, elle sent un vent glacial souffler derrière elle.

– Brrrr ! Qui entre ainsi chez moi ? marmonne la sorcière en colère.
Elle se retourne et aperçoit, à sa porte, une ravissante jeune femme coiffée d'une couronne de givre.

– Bonjour, Méchancia. Je suis la princesse des Glaces… Quelle est cette bonne odeur qui vient de chez toi ?
– C'est ma soupe ! Veux-tu la goûter ? lui propose Méchancia, avec un étrange sourire.
– Je veux bien, dit la princesse en s'approchant du chaudron. Quel merveilleux parfum ! Que mets-tu dedans ?

– Du houx, du cœur de bouleau, de la sève de sapin…
La sorcière se dirige vers une cage, contre le mur,
et ajoute :
– Et au dernier moment, je plonge un renardeau vivant
dans le mélange !
Méchancia attrape en ricanant un bébé renard,
qui tremble de peur derrière les barreaux, et l'emporte
à grands pas vers le chaudron brûlant.
– Non ! s'exclame la princesse, horrifiée, en touchant
le chaudron de sa baguette magique au moment même
où le petit animal quitte la main de Méchancia…

Cling ! Clong ! Le renardeau atterrit sur la soupe, qui a durci d'un coup : elle s'est transformée en glace, et le bébé renard glisse à la surface !
Méchancia, folle de rage, brandit sa baguette pour jeter un sort à la princesse des Glaces. Mais celle-ci a déjà disparu dans un courant d'air, emportant le renardeau en danger.
La sorcière entend une voix amusée lui parler de loin, à travers le vent :
– Bon appétit, Méchancia ! Ce soir, au lieu d'une soupe, tu mangeras une glace : tu aimeras sûrement ce dessert !

Le concours de magie

C'est le matin du grand concours du pays des glaces ! Les trois fées en compétition aimeraient tant gagner ce joli traîneau tiré par un cheval blanc…
C'est Piouka, la fée des cascades, qui commence. Abracadabra ! Oh, que c'est mignon ! Une adorable poupée de neige sort de sa baguette magique. Ses amies applaudissent !
Puis c'est au tour de Taïga, la fée des bois. Abracacadra ! Un minuscule château de glace apparaît. Piouka s'écrie :
– Il est extraordinaire ! À toi, Micha. Tu vas avoir du mal à faire mieux…

Micha, la fée des plaines, veut gagner à tout prix. Elle a une idée.
Abracadabra ! Au bout de sa baguette, la neige se met à tomber à gros flocons. Et elle recouvre bientôt le château…

– J'ai gagné ! crie Micha. Je suis la plus forte, ma neige recouvre tout, on ne voit plus rien !

Ses amies se taisent. C'est de la triche.

Taïga finit par dire :

– Ah non, Micha, va-t'en ! Une mauvaise joueuse n'a pas sa place parmi nous.

À ces mots, Micha se sent toute triste.
– Je suis désolée, dit-elle en baissant la tête.
– Allons, essaie de gagner vraiment, dit gentiment Piouka. Donne-toi du mal, et tu auras mérité ta récompense.
Micha réfléchit un long moment.
Abracadabra… Oh ! Micha a recouvert le traîneau d'un voile de givre et de brume pour qu'il glisse aussi vite qu'un équipage de course !
– Quelle excellente idée ! s'écrient Taïga et Piouka. Tu as mérité ce traîneau, il est à toi !
Micha rougit de plaisir.
– Vous voulez bien monter avec moi ?
Les trois amies s'installent, le vent gonfle la voile, et le traîneau s'éloigne au son du rire des fées, qui tinte comme des grelots.

New material only REG. NO. QC-007333 Content : Polyurethane Foam	Matériaux neufs seulement N°de permis : QC-007333 Contenu : mousse de polyuréthane

N° d'édition : 16019
Achevé d'imprimer en décembre 2015
par Macrolibros en Espagne
Dépôt légal : janvier 2016